50 Recetas de Clásicos Modernos

Por: Kelly Johnson

Table of Contents

- Tacos de pescado estilo Baja
- Arepas rellenas de pollo y aguacate
- Ensalada caprese con pesto
- Pizza de burrata y rúcula
- Hamburguesa gourmet con cebolla caramelizada
- Sándwich cubano con pan artesanal
- Sushi de salmón y mango
- Gyozas de cerdo con salsa de soya
- Ramen de miso con huevo marinado
- Pollo al curry con leche de coco
- Pasta con pesto de pistacho
- Lasaña de berenjena y ricotta
- Risotto de champiñones y trufa
- Ceviche de camarón con mango
- Pulpo a la parrilla con paprika ahumada
- Bao buns con panceta glaseada
- Tostadas de aguacate con huevo pochado

- Croquetas de jamón ibérico
- Quiche de espinaca y queso de cabra
- Sopa thai de coco y lemongrass
- Chiles rellenos de quinoa y verduras
- Curry rojo tailandés de tofu
- Falafel al horno con salsa tahini
- Hummus de remolacha
- Galletas de avena y chocolate oscuro
- Tarta tatin de manzana
- Brownies con nueces pecanas
- Cheesecake de maracuyá
- Crème brûlée de vainilla
- Mousse de chocolate vegano
- Smoothie bowl de frutos rojos
- Pan de plátano con nueces
- Hotcakes de avena y canela
- Empanadas de carne al horno
- Pastel de zanahoria con glaseado de queso
- Panecillos de calabaza y especias

- Helado de matcha casero
- Donas glaseadas al horno
- Milkshake de galleta y crema
- Nachos con queso fundido y jalapeños
- Ensalada tibia de lentejas
- Tacos veganos de setas
- Burrito bowl con arroz integral
- Sopa de lentejas al curry
- Albóndigas de pavo con especias
- Waffles de batata
- Wraps de lechuga con pollo asiático
- Tarta de limón y merengue
- Ensalada de quinoa con granada
- Paella de mariscos contemporánea

Tacos de Pescado Estilo Baja

Ingredientes:

- Filetes de pescado blanco (como bacalao o tilapia)
- Harina de trigo
- Maicena
- Polvo de hornear
- Sal y pimienta
- Cerveza (para el rebozado)
- Tortillas de maíz
- Col rallada
- Limones o limas en gajos
- Mayonesa o crema
- Salsa picante o de chipotle

Instrucciones:

1. Mezcla la harina, maicena, polvo de hornear, sal y pimienta en un bol.
2. Agrega la cerveza poco a poco y bate hasta obtener una masa espesa.
3. Corta el pescado en tiras, pásalo por la masa y fríelo hasta que esté dorado.
4. Calienta las tortillas.
5. Arma los tacos con el pescado frito, col rallada, crema o mayonesa y un poco de salsa picante.

6. Sirve con gajos de limón o lima.

Arepas Rellenas de Pollo y Aguacate

Ingredientes:

- Harina de maíz precocida (como P.A.N.)
- Agua
- Sal
- Pollo cocido y desmenuzado
- Aguacates maduros
- Mayonesa
- Jugo de limón
- Sal y pimienta

Instrucciones:

1. Mezcla la harina de maíz, agua y sal hasta formar una masa suave.
2. Forma discos y cocínalos en una plancha o sartén hasta que estén dorados y cocidos por dentro.
3. En un bol, mezcla el pollo desmenuzado con el aguacate machacado, mayonesa, jugo de limón, sal y pimienta.
4. Abre las arepas con cuidado y rellénalas con la mezcla de pollo y aguacate.

Ensalada Caprese con Pesto

Ingredientes:

- Mozzarella fresca (en rodajas)
- Tomates maduros (en rodajas)
- Hojas de albahaca fresca
- Salsa pesto
- Aceite de oliva
- Sal y pimienta

Instrucciones:

1. Coloca en un plato rodajas alternadas de tomate y mozzarella.
2. Intercala hojas de albahaca entre las rodajas.
3. Rocía con salsa pesto y un poco de aceite de oliva.
4. Añade sal y pimienta al gusto.

Pizza de Burrata y Rúcula

Ingredientes:

- Masa para pizza
- Salsa de tomate
- Queso burrata fresco
- Rúcula fresca
- Aceite de oliva
- Sal y pimienta
- Opcional: jamón serrano o tomates cherry

Instrucciones:

1. Precalienta el horno y estira la masa de pizza.
2. Cubre con salsa de tomate.
3. Hornea hasta que la masa esté dorada.
4. Al sacar del horno, agrega la burrata en trozos y la rúcula fresca.
5. Rocía con aceite de oliva y sazona con sal y pimienta.
6. Añade ingredientes opcionales si lo deseas.

Hamburguesa Gourmet con Cebolla Caramelizada

Ingredientes:

- Pan de hamburguesa artesanal
- Carne molida de res (para formar hamburguesas)
- Queso (como brie, cheddar o gouda)
- Cebollas
- Mantequilla o aceite
- Azúcar morena (opcional)
- Sal y pimienta
- Lechuga, tomate y otros complementos al gusto

Instrucciones:

1. Cocina las cebollas a fuego lento con mantequilla y una pizca de azúcar hasta que estén caramelizadas.
2. Forma y cocina las hamburguesas al punto deseado.
3. Coloca el queso sobre la carne caliente para que se derrita.
4. Arma la hamburguesa con pan tostado, la carne, las cebollas caramelizadas y los ingredientes que prefieras.

Sándwich Cubano con Pan Artesanal

Ingredientes:

- Pan artesanal tipo baguette o similar
- Lomo de cerdo asado en rebanadas
- Jamón
- Queso suizo
- Pepinillos en rodajas
- Mostaza
- Mantequilla

Instrucciones:

1. Corta el pan y úntalo con mostaza.
2. Rellena con jamón, cerdo, pepinillos y queso.
3. Unta mantequilla por fuera del pan y presiona el sándwich en una plancha o sartén hasta que esté dorado y el queso fundido.

Sushi de Salmón y Mango

Ingredientes:

- Arroz para sushi cocido y aliñado
- Lomos de salmón (crudo de calidad sushi o ahumado)
- Mango maduro en tiras
- Alga nori
- Vinagre de arroz
- Salsa de soya, wasabi y jengibre (opcional)

Instrucciones:

1. Coloca una hoja de nori sobre una esterilla de sushi.
2. Extiende el arroz sobre el alga y coloca tiras de salmón y mango.
3. Enrolla con firmeza y corta en piezas.
4. Sirve con salsa de soya, wasabi y jengibre al gusto.

Gyozas de Cerdo con Salsa de Soya

Ingredientes:

- Masa para gyozas
- Carne de cerdo molida
- Repollo finamente picado
- Cebollino o cebolla de verdeo
- Ajo y jengibre picados
- Salsa de soya, aceite de sésamo
- Salsa para acompañar: soya, vinagre de arroz, aceite de chile

Instrucciones:

1. Mezcla el cerdo con el repollo, cebollino, ajo, jengibre y condimentos.
2. Rellena las masas y ciérralas formando pliegues.
3. Dora las gyozas en sartén, agrega un poco de agua y tapa para cocer al vapor.
4. Sirve con la salsa para mojar.

Ramen de Miso con Huevo Marinado

Ingredientes:

- Fideos para ramen
- Caldo de pollo o vegetal
- Pasta de miso
- Huevo cocido marinado (en salsa de soya, mirin y azúcar)
- Cebolla verde
- Algas, brotes de bambú, maíz u otros toppings al gusto

Instrucciones:

1. Calienta el caldo y disuelve la pasta de miso.
2. Cocina los fideos según instrucciones.
3. Sirve el caldo sobre los fideos y agrega el huevo marinado partido por la mitad y demás toppings.
4. Espolvorea con cebolla verde.

Pollo al Curry con Leche de Coco

Ingredientes:

- Pechuga o muslos de pollo en trozos
- Pasta de curry (rojo o amarillo)
- Leche de coco
- Cebolla y ajo picados
- Verduras (como pimientos, papas, zanahorias)
- Aceite
- Sal y cilantro (opcional)

Instrucciones:

1. Sofríe la cebolla y el ajo, añade la pasta de curry.
2. Agrega el pollo y cocina unos minutos.
3. Añade leche de coco y verduras, cocina hasta que esté todo tierno.
4. Sirve con arroz blanco y decora con cilantro si deseas.

Pasta con Pesto de Pistacho

Ingredientes:

- Pasta (como fusilli o linguini)
- Pistachos pelados
- Albahaca fresca
- Queso parmesano
- Ajo
- Aceite de oliva
- Sal y pimienta

Instrucciones:

1. Cocina la pasta al dente.
2. En una licuadora, mezcla los pistachos, albahaca, parmesano, ajo y aceite hasta formar una pasta.
3. Mezcla con la pasta caliente.
4. Añade un poco de agua de cocción si es necesario y sirve con más queso por encima.

Lasaña de Berenjena y Ricotta

Ingredientes:

- Berenjenas en rodajas finas
- Queso ricotta
- Salsa de tomate
- Queso mozzarella
- Parmesano rallado
- Albahaca
- Sal, pimienta, aceite de oliva

Instrucciones:

1. Asa o fríe las rodajas de berenjena.
2. En un recipiente para horno, alterna capas de salsa, berenjena, ricotta, mozzarella y parmesano.
3. Repite hasta llenar el molde y termina con queso por encima.
4. Hornea hasta que burbujee y se dore.
5. Deja reposar antes de servir.

Risotto de Champiñones y Trufa

Ingredientes:

- Arroz arborio
- Caldo de verduras o pollo
- Champiñones (shiitake, portobello o mixtos)
- Cebolla y ajo picados
- Queso parmesano rallado
- Aceite de trufa (o ralladura de trufa)
- Mantequilla
- Vino blanco
- Sal y pimienta

Instrucciones:

1. Sofríe la cebolla y el ajo en mantequilla.
2. Añade los champiñones y cocina hasta que se doren.
3. Agrega el arroz y tuéstalo ligeramente.
4. Vierte un chorrito de vino blanco y deja reducir.
5. Añade el caldo caliente poco a poco, removiendo constantemente.
6. Cuando el arroz esté cremoso y al dente, agrega el parmesano y un toque de aceite de trufa.
7. Salpimienta al gusto y sirve de inmediato.

Ceviche de Camarón con Mango

Ingredientes:

- Camarones cocidos y pelados
- Mango en cubos
- Cebolla morada en rodajas finas
- Jugo de limón y/o lima
- Cilantro fresco picado
- Chile picado (opcional)
- Sal

Instrucciones:

1. Mezcla los camarones con el mango, cebolla y cilantro.
2. Agrega el jugo de limón hasta cubrir ligeramente.
3. Añade chile si deseas un toque picante.
4. Refrigera por 15–30 minutos antes de servir.

Pulpo a la Parrilla con Paprika Ahumada

Ingredientes:

- Pulpo cocido (tierno)
- Aceite de oliva
- Paprika ahumada
- Sal gruesa y pimienta
- Limón

Instrucciones:

1. Marina el pulpo con aceite de oliva, paprika y sal.
2. Asa a la parrilla hasta dorar ligeramente.
3. Sirve con limón exprimido por encima y un toque de pimienta.

Bao Buns con Panceta Glaseada

Ingredientes:

- Panecillos bao al vapor
- Panceta de cerdo cocida a fuego lento
- Salsa glaseada (soya, miel, jengibre y ajo)
- Pepinillos finos
- Cilantro fresco
- Zanahoria rallada (opcional)

Instrucciones:

1. Cocina la panceta en la salsa glaseada hasta que esté bien caramelizada.
2. Calienta los bao buns al vapor.
3. Rellena con la panceta, pepinillos, cilantro y otros toppings al gusto.

Tostadas de Aguacate con Huevo Pochado

Ingredientes:

- Pan artesanal o integral
- Aguacate maduro
- Huevos frescos
- Vinagre blanco (para pochar)
- Sal, pimienta y limón
- Chile en hojuelas o paprika (opcional)

Instrucciones:

1. Tuesta el pan.
2. Machaca el aguacate con limón, sal y pimienta.
3. Pocha el huevo en agua caliente con un chorrito de vinagre.
4. Unta el aguacate en el pan y coloca el huevo encima.
5. Espolvorea con chile en hojuelas o especias al gusto.

Croquetas de Jamón Ibérico

Ingredientes:

- Jamón ibérico picado
- Leche
- Mantequilla
- Harina
- Nuez moscada
- Sal y pimienta
- Huevo y pan rallado (para empanizar)
- Aceite para freír

Instrucciones:

1. Haz una bechamel con mantequilla, harina y leche.
2. Agrega el jamón y condimenta con sal, pimienta y nuez moscada.
3. Deja enfriar, forma las croquetas, pásalas por huevo y pan rallado.
4. Fríe en aceite caliente hasta dorar.

Quiche de Espinaca y Queso de Cabra

Ingredientes:

- Masa quebrada o hojaldre
- Espinacas frescas
- Queso de cabra en trozos
- Huevos
- Crema o nata
- Sal, pimienta y nuez moscada

Instrucciones:

1. Prehornea la masa en un molde.
2. Saltea las espinacas hasta que se marchiten.
3. Mezcla los huevos con la nata y condimentos.
4. Agrega las espinacas y el queso.
5. Vierte sobre la base y hornea hasta que cuaje y dore.

Sopa Thai de Coco y Lemongrass

Ingredientes:

- Leche de coco
- Caldo de pollo o vegetal
- Lemongrass (hierba de limón)
- Jengibre o galanga
- Setas, tofu o pollo (opcional)
- Salsa de pescado o soya
- Jugo de lima
- Chile y cilantro fresco

Instrucciones:

1. Hierve el lemongrass y jengibre en el caldo con leche de coco.
2. Agrega los ingredientes principales (setas, tofu, pollo, etc.)
3. Sazona con salsa de pescado, jugo de lima y chile al gusto.
4. Sirve con cilantro fresco.

Chiles Rellenos de Quinoa y Verduras

Ingredientes:

- Pimientos o chiles grandes
- Quinoa cocida
- Verduras salteadas (cebolla, calabacín, maíz, etc.)
- Tomate picado
- Queso rallado (opcional)
- Sal, pimienta, especias (comino, orégano)

Instrucciones:

1. Corta los pimientos y retira semillas.
2. Mezcla la quinoa con las verduras y condimentos.
3. Rellena los pimientos y cúbrelos con queso si deseas.
4. Hornea hasta que estén tiernos y dorados por encima.

Curry Rojo Tailandés de Tofu

Ingredientes:

- Tofu firme, cortado en cubos
- Pasta de curry rojo
- Leche de coco
- Verduras (pimiento, berenjena, zanahoria, etc.)
- Ajo y jengibre picados
- Aceite
- Albahaca tailandesa (opcional)
- Salsa de soya o salsa de pescado
- Azúcar

Instrucciones:

1. Sofríe ajo y jengibre en aceite, añade la pasta de curry rojo y cocina unos minutos.
2. Agrega las verduras y el tofu, mezcla bien.
3. Vierte la leche de coco, sazona con salsa de soya y azúcar.
4. Cocina a fuego medio hasta que las verduras estén tiernas.
5. Añade albahaca antes de servir.

Falafel al Horno con Salsa Tahini

Ingredientes:

- Garbanzos remojados y molidos
- Cebolla, ajo y perejil picados
- Comino, cilantro en polvo
- Sal y pimienta
- Tahini
- Jugo de limón
- Ajo (para la salsa)
- Agua

Instrucciones:

1. Mezcla los garbanzos con especias, cebolla, ajo y perejil hasta obtener una masa.
2. Forma bolitas o discos y hornea hasta dorar.
3. Para la salsa, mezcla tahini, jugo de limón, ajo y agua hasta obtener una textura cremosa.
4. Sirve los falafel con la salsa tahini.

Hummus de Remolacha

Ingredientes:

- Garbanzos cocidos
- Remolacha cocida
- Tahini
- Jugo de limón
- Ajo
- Aceite de oliva
- Sal

Instrucciones:

1. Procesa garbanzos, remolacha, tahini, ajo y jugo de limón hasta obtener una crema suave.
2. Añade aceite de oliva y sal al gusto.
3. Sirve frío, decorado con un chorrito de aceite.

Galletas de Avena y Chocolate Oscuro

Ingredientes:

- Avena en hojuelas
- Harina
- Azúcar morena
- Mantequilla o aceite
- Huevos
- Chocolate oscuro en trozos
- Polvo de hornear
- Vainilla

Instrucciones:

1. Mezcla mantequilla con azúcar, añade huevos y vainilla.
2. Incorpora la harina, avena y polvo de hornear.
3. Añade los trozos de chocolate.
4. Forma bolitas y hornea a 180°C por 12-15 minutos.

Tarta Tatin de Manzana

Ingredientes:

- Manzanas
- Azúcar
- Mantequilla
- Masa quebrada

Instrucciones:

1. Carameliza el azúcar con mantequilla en una sartén.
2. Añade las manzanas cortadas y cocina unos minutos.
3. Cubre con la masa y hornea hasta que la masa esté dorada.
4. Desmolda con cuidado y sirve tibia.

Brownies con Nueces Pecanas

Ingredientes:

- Chocolate negro
- Mantequilla
- Azúcar
- Huevos
- Harina
- Nueces pecanas picadas
- Vainilla

Instrucciones:

1. Derrite el chocolate con mantequilla.
2. Mezcla con azúcar, huevos y vainilla.
3. Añade harina y nueces.
4. Hornea a 175°C por 20-25 minutos.

Cheesecake de Maracuyá

Ingredientes:

- Queso crema
- Azúcar
- Huevos
- Pulpa de maracuyá
- Base de galleta

Instrucciones:

1. Mezcla queso crema con azúcar y huevos.
2. Añade la pulpa de maracuyá.
3. Vierte sobre la base de galleta y hornea hasta que cuaje.
4. Refrigera antes de servir.

Crème Brûlée de Vainilla

Ingredientes:

- Crema de leche
- Yemas de huevo
- Azúcar
- Vainilla (en vaina o extracto)
- Azúcar para caramelizar

Instrucciones:

1. Calienta la crema con vainilla.
2. Bate yemas con azúcar, mezcla con la crema caliente poco a poco.
3. Cocina al baño maría en moldes hasta cuajar.
4. Enfría, espolvorea azúcar encima y quema con soplete para caramelizar.

Mousse de Chocolate Vegano

Ingredientes:

- Aguacate maduro
- Cacao en polvo sin azúcar
- Endulzante al gusto (jarabe de arce, agave, etc.)
- Extracto de vainilla

Instrucciones:

1. Procesa el aguacate con cacao, endulzante y vainilla hasta obtener una textura cremosa.
2. Refrigera antes de servir.

Smoothie Bowl de Frutos Rojos

Ingredientes:

- Frutos rojos congelados (fresas, frambuesas, arándanos)
- Plátano maduro
- Yogur natural o griego
- Miel o endulzante al gusto
- Toppings: granola, semillas, frutas frescas

Instrucciones:

1. Licúa los frutos rojos, plátano y yogur hasta obtener una mezcla espesa.
2. Sirve en un bowl y decora con granola, semillas y frutas frescas.

Pan de Plátano con Nueces

Ingredientes:

- Plátanos maduros machacados
- Harina
- Azúcar
- Huevos
- Mantequilla derretida
- Nueces picadas
- Polvo de hornear
- Canela (opcional)

Instrucciones:

1. Mezcla plátanos, azúcar y mantequilla.
2. Incorpora huevos, harina, polvo de hornear y canela.
3. Añade las nueces.
4. Hornea a 180°C por 50-60 minutos.

Hotcakes de Avena y Canela

Ingredientes:

- Avena molida
- Harina
- Leche
- Huevos
- Canela en polvo
- Polvo de hornear
- Miel o sirope para servir

Instrucciones:

1. Mezcla los ingredientes secos y añade leche y huevos.
2. Cocina porciones en sartén caliente hasta dorar ambos lados.
3. Sirve con miel o sirope.

Empanadas de Carne al Horno

Ingredientes:

- Masa para empanadas
- Carne molida
- Cebolla, ajo, pimiento picados
- Comino, sal y pimienta
- Huevo batido para barnizar

Instrucciones:

1. Cocina la carne con cebolla, ajo y especias.
2. Rellena la masa con la carne y cierra bien.
3. Barniza con huevo y hornea a 200°C hasta dorar.

Pastel de Zanahoria con Glaseado de Queso

Ingredientes:

- Zanahorias ralladas
- Harina
- Azúcar
- Huevos
- Aceite
- Polvo de hornear y bicarbonato
- Canela y nuez moscada
- Queso crema
- Azúcar glass
- Vainilla

Instrucciones:

1. Mezcla ingredientes secos y húmedos por separado.
2. Incorpora zanahorias y mezcla.
3. Hornea a 180°C por 40-45 minutos.
4. Para el glaseado, bate queso crema con azúcar y vainilla.
5. Cubre el pastel una vez frío.

Panecillos de Calabaza y Especias

Ingredientes:

- Puré de calabaza
- Harina
- Azúcar
- Huevos
- Polvo de hornear
- Canela, clavo y jengibre en polvo
- Mantequilla

Instrucciones:

1. Mezcla puré de calabaza con azúcar y huevos.
2. Añade harina, polvo de hornear y especias.
3. Hornea en moldes para panecillos a 180°C por 20-25 minutos.

Helado de Matcha Casero

Ingredientes:

- Leche
- Crema para batir
- Azúcar
- Polvo de matcha

Instrucciones:

1. Mezcla leche, crema, azúcar y matcha hasta disolver.
2. Congela en máquina de helado o en recipiente, removiendo cada 30 minutos hasta congelar.

Donas Glaseadas al Horno

Ingredientes:

- Harina
- Azúcar
- Levadura
- Huevos
- Leche
- Mantequilla
- Azúcar glass y leche para el glaseado

Instrucciones:

1. Prepara una masa con los ingredientes y deja levar.
2. Forma las donas y hornea a 180°C hasta dorar.
3. Prepara glaseado mezclando azúcar glass con leche y baña las donas.

Milkshake de Galleta y Crema

Ingredientes:

- Helado de vainilla
- Leche
- Galletas de tu elección
- Crema batida para decorar

Instrucciones:

1. Licúa helado, leche y galletas hasta mezclar bien.
2. Sirve en vaso y decora con crema batida y más galletas.

Nachos con Queso Fundido y Jalapeños

Ingredientes:

- Totopos de maíz (nachos)
- Queso para fundir (cheddar, monterey jack, o mezcla)
- Jalapeños en rodajas
- Crema agria y guacamole para acompañar (opcional)

Instrucciones:

1. Coloca los nachos en una bandeja para horno.
2. Espolvorea generosamente el queso rallado encima.
3. Añade las rodajas de jalapeño.
4. Hornea a 180°C hasta que el queso se derrita y burbujee.
5. Sirve caliente acompañado de crema agria y guacamole.

Ensalada Tibia de Lentejas

Ingredientes:

- Lentejas cocidas
- Cebolla morada en juliana
- Pimiento rojo en tiras
- Zanahoria rallada
- Aceite de oliva
- Vinagre balsámico
- Sal y pimienta
- Hierbas frescas (perejil o cilantro)

Instrucciones:

1. Saltea la cebolla y el pimiento en un poco de aceite hasta que estén suaves.
2. Mezcla las lentejas con las verduras salteadas y la zanahoria rallada.
3. Aliña con aceite, vinagre, sal, pimienta y hierbas.
4. Sirve tibia.

Tacos Veganos de Setas

Ingredientes:

- Setas (champiñones, portobello, etc.) picadas
- Cebolla y ajo picados
- Especias: comino, pimentón, chile en polvo
- Tortillas de maíz
- Cilantro fresco
- Limón
- Salsa al gusto

Instrucciones:

1. Saltea cebolla y ajo, agrega las setas y especias, cocina hasta que estén tiernas y doradas.
2. Calienta las tortillas y rellena con la mezcla de setas.
3. Añade cilantro, un chorrito de limón y salsa.

Burrito Bowl con Arroz Integral

Ingredientes:

- Arroz integral cocido
- Frijoles negros o rojos
- Maíz
- Tomate picado
- Aguacate en cubos
- Lechuga o espinaca
- Salsa (pico de gallo, crema, etc.)
- Limón

Instrucciones:

1. Coloca arroz integral como base en un bowl.
2. Añade frijoles, maíz, tomate, aguacate y hojas verdes.
3. Aliña con salsa y jugo de limón.
4. Sirve y disfruta.

Sopa de Lentejas al Curry

Ingredientes:

- Lentejas
- Cebolla, ajo y jengibre picados
- Pasta o polvo de curry
- Leche de coco (opcional)
- Caldo de verduras
- Aceite
- Sal y pimienta

Instrucciones:

1. Sofríe cebolla, ajo y jengibre en aceite.
2. Añade el curry y cocina un minuto más.
3. Incorpora lentejas y caldo, cocina hasta que las lentejas estén suaves.
4. Añade leche de coco si quieres una textura cremosa.
5. Ajusta sal y pimienta.

Albóndigas de Pavo con Especias

Ingredientes:

- Carne molida de pavo
- Cebolla y ajo picados
- Pan rallado
- Huevo
- Comino, cilantro, pimienta
- Sal
- Aceite para cocinar

Instrucciones:

1. Mezcla pavo con cebolla, ajo, especias, pan rallado y huevo.
2. Forma albóndigas.
3. Cocina en sartén con aceite hasta que estén doradas y cocidas por dentro.

Waffles de Batata

Ingredientes:

- Batata (camote) cocida y hecha puré
- Harina
- Huevos
- Leche
- Polvo de hornear
- Canela (opcional)
- Sal

Instrucciones:

1. Mezcla el puré de batata con huevos y leche.
2. Agrega harina, polvo de hornear, canela y una pizca de sal.
3. Cocina la mezcla en una waflera hasta que estén dorados y crujientes.

Wraps de Lechuga con Pollo Asiático

Ingredientes:

- Pechuga de pollo cocida y deshebrada
- Salsa de soja
- Jengibre y ajo picados
- Zanahoria rallada
- Cebolla verde picada
- Hojas de lechuga para envolver

Instrucciones:

1. Saltea el pollo con ajo, jengibre y salsa de soja.
2. Mezcla con zanahoria y cebolla verde.
3. Sirve la mezcla sobre hojas de lechuga y envuelve como wraps.

Tarta de Limón y Merengue

Ingredientes:

- Masa quebrada para la base
- Jugo y ralladura de limón
- Huevos
- Azúcar
- Mantequilla
- Clara de huevo para el merengue
- Azúcar para el merengue

Instrucciones:

1. Hornea la base de masa hasta dorar.
2. Prepara la crema de limón calentando jugo, ralladura, huevos, azúcar y mantequilla hasta espesar.
3. Vierte la crema sobre la base y hornea un poco más.
4. Bate claras con azúcar hasta punto de merengue y cubre la tarta.
5. Dore el merengue con un soplete o bajo el grill.

Ensalada de Quinoa con Granada

Ingredientes:

- Quinoa cocida
- Granos de granada
- Pepino picado
- Cebolla morada picada
- Perejil o menta fresca
- Aceite de oliva
- Jugo de limón
- Sal y pimienta

Instrucciones:

1. Mezcla la quinoa con los demás ingredientes.
2. Aliña con aceite, limón, sal y pimienta.
3. Sirve fresca.

Paella de Mariscos Contemporánea

Ingredientes:

- Arroz de grano corto
- Caldo de pescado o mariscos
- Mejillones, camarones, calamares
- Pimiento rojo
- Ajo y cebolla
- Azafrán o colorante
- Aceite de oliva
- Limón para servir

Instrucciones:

1. Sofríe ajo, cebolla y pimiento.
2. Añade el arroz y el azafrán, mezcla bien.
3. Vierte caldo y cocina hasta que el arroz esté casi listo.
4. Agrega los mariscos y cocina hasta que estén hechos.
5. Sirve con limón.